知らないと損する!

マンガでわかる

Q&Aで早わかり!

マイナンバー

誰もが知っておくべき13のポイント

目次

登場人物紹介

水町《みずまち》先生（弁護士）

毎南家の隣に住む弁護士。
花子に頼まれて守の苦手科目
を少しだけ見てあげている

毎南《まいなん》 一郎《いちろう》（46）

○×商事
総務で働くサラリーマン

毎南《まいなん》 花子《はなこ》（42）

コンビニでパート
勤めをする主婦

毎南《まいなん》 守《まもる》（10）

サッカーが大好きな
元気な小学生

※本書中のマンガはフィクションです。

Q1

今さらだけど、マイナンバーってどんな制度？

テレビ・新聞・雑誌・
ネットなどで話題の
「マイナンバー」
マイナンバーでプライバシーが丸見え?
マイナンバーで
副業がバレる?
MEDIA
マイナンバーは
無視してOK?
マイナンバー
詐欺で被害続出!
マイナンバーで
高齢者が詐欺被害
中には直接
マイナンバーとは
関係ないことも
あったり…
知識がない
ばかりに
詐欺の標的に
なる恐れも…
どの情報を信じて
いいかわからない…

はじめまして 弁護士の 水町雅子《みずまちまさこ》です
マイナンバーが よくわからないと 悩んでいる人は 多いですよね？
私は内閣官房で マイナンバー法の 立法作業を 担当してきました
そういった経緯から 現在もマイナンバーに ついての執筆や講演を 行っています
皆さんの悩みを直接 お聞きすることも 多いです
そんな私が 皆さんが共通で 悩んでいることを 中心に…
マイナンバー制度の 目的から どう扱えばいいか？ 今後はどうなるのか？ などを…
Q＆A形式で ズバッとお答えします！
さあ ここにも悩んでいる 方がいるようですよ…

人事異動のお知らせ
毎南 一郎
2016年1月1日付で
総務部長とする。
おめでとうございます
うん 総務のマイナンバー対策が間に合わなくて人材補填だそうだよ
へえ〜 なんか大変そうですねぇ
毎南《まいなん》 一郎《いちろう》（46）
○×商事
総務で働くサラリーマン
タタン タタン
チラッ
めちゃくちゃわかる
マイナンバー
たいせつに保管しよう！
『めちゃくちゃわかるマイナンバー』か… 俺も読もうかな
マイナンバー特集
お困りのあなた！
大増ページ
集中連載!!
□○×事務所
●●駅より徒歩5分
ん？ 吊り広告までマイナンバー特集じゃないか

やっぱり本格的に勉強しなきゃダメだよな…でもどうやって？
ただいまー
おかえりなさい
毎南《まいなん》 花子《はなこ》（42）
コンビニでパート勤めをする主婦
あら？何か浮かない顔ね
あぁ 会社でマイナンバー対策担当になってな
そういえばオレのマイナンバーどうなってるんだっけ？
ちょっと待って…
この間簡易書留で届いたの
通知カード
個人番号 OOOOXXXXOOOO
氏名 毎南一郎
住所 OO県OO市OO町X-X-X
昭和44年 7月 21日生 性別 男
発行 平成27年 O月XX日
△△市長
守の分もあるわよ

お父さん おかえりー
チャッ
毎南《まいなん》 守《まもる》（10）
サッカーが大好きな元気な小学生
お邪魔しています
あら先生 ありがとう ございました
おやっ こちらの方は？
今日の算数 ちょっと 難しかったですが 守くんががんばって いましたよ
水町先生（弁護士）
毎南家の隣に住む弁護士。花子に頼まれて守の苦手科目を少しだけ見てあげている
あ…はじめまして
ペコ
守の先生か…すてきな女性だな～
そういえば 水町先生は マイナンバーの 講師もされてるん ですってね

そうなんですか!!!
なんたる偶然っ! 天の助け…
実は会社でマイナンバー担当になっちゃいまして…僕も教えてもらいたいなー
勉強
マイナンバー
それは大変ですね…
マイナンバーって何に使うの?
マイナンバー制度の目的は大きく3つあります
①行政の効率化
②国民の利便性の向上
③公平・公正な社会の実現
なるほど! 国民の暮らしをより良くする役割が…
ズイッ
先生もうちょっと詳しく…
ちょっとあなた!
さあ一郎のように水町先生のレクチャーであなたもマイナンバーを知ろう!
やるぞ!

ポイント　ここだけは押さえよう！

●「マイナンバー」に近い制度は、アメリカをはじめ多くの国で採用され、さまざまな目的で使用されています。

●マイナンバー制度の目的は、①行政の効率化、②国民の利便性の向上、③公平・公正な社会の実現、の大きく3つです。

解説 もっとくわしく知りたい！

２０１５年10月、いよいよ日本でも始まった「マイナンバー制度」。世界に目を向けると１９３６年、世界恐慌の際に失業者の社会保障サービスを目的として始まったアメリカを皮切りに、スウェーデン、ドイツ、イタリア、オーストラリア、韓国などいくつかの国で制度化されています。ただし、税だけに使う国、幅広い分野で使う国など、その制度目的はさまざまです。

日本のマイナンバー制度は、それらのマイナンバー先進国で起こっている課題なども鑑みて、制度化されました。日本では、①行政の効率化、②国民の利便性の向上、③公平・公正な社会の実現、が目的とされ、税や社会保障など行政サービスがおもに使用するため、日本に住む人全員に関係する重要な制度となっています。場合によっては厳しい罰則もあるマイナンバー制度の内容を理解して、上手に付き合うことが、よりよい社会作りに関わるために必要な時代になったと言えるでしょう。

マイナンバー制度の３つのメリットは「行政の効率化」「国民の利便性の向上」「公平・公正な社会の実現」

①行政の効率化

行政機関や地方公共団体などが取り扱う膨大な情報の処理にかかっている時間や労力が、削減されます。また、業務の連携が進み、作業が効率化されます。

②国民の利便性の向上

行政手続きに必要だった添付書類の削減など、国民の負担が軽減されます。また、行政機関が保有する自分の個人情報を確認したり、行政機関のサービスに関する通知を受け取ることができます。

③公平・公正な社会の実現

不正に給付を受けたり、負担しなければならないことを不当に免れる行為を防止できるとともに、本当に困っている人たちへの支援を充実させることができます。

Q2

個人番号カードって作らなくてもいいんだよね？

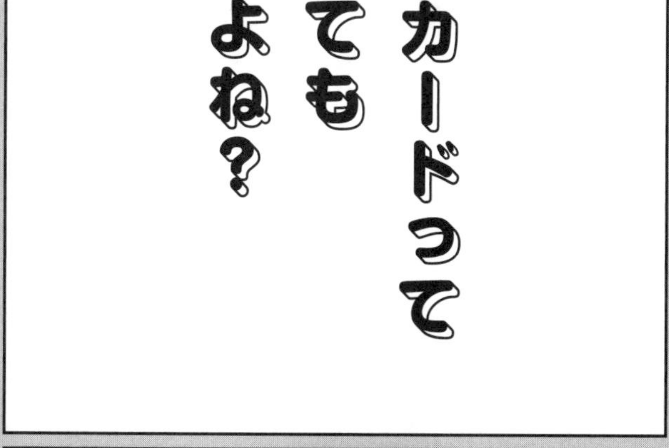
カードには12ケタの「マイナンバー」（個人番号）
それから「氏名」「（住民票のある）住所」「生年月日」「性別」が書かれています

マイナンバーの大切さがちょっとわかりました
マイナンバーは住民票がある人すべて…
赤ちゃんからお年寄り外国人にまで割り振られます
マイ ナンバー
マイ ナンバー
マイ ナンバー
マイ ナンバー
マイナンバーは死後も行政手続きに利用される可能性があります
行政機関などは生存者のマイナンバーも死者のマイナンバーも保護する必要があります
この番号がねぇ…
まずこれが「通知カード」
通知カード
個人番号 OOOOXXXXOOOO
氏名 毎南一郎
住所 OO県OO市OO町X-X-X
昭和44年 7月 21日生 性別 男 △△市長
発行 平成27年 O月XX日

カードには12ケタの「マイナンバー」(個人番号)
それから「氏名」「(住民票のある)住所」「生年月日」「性別」が書かれています
先生 カードと一緒に申請書が入っていたんですが…
それは「個人番号カード交付申請書」ですね 申請すると2016年1月以降にもらえます
これが「個人番号カード」(表面)
氏名 毎南　一郎
住所 〇〇県〇〇市〇〇町X丁目X番地X号
昭和44年　7月 21日生
性別 男 2026年 3月31日まで
XXXX
年　月　日
市長
パネル
署名 毎南　一郎
表面・裏面があって中にはICチップが埋め込まれています
表面には顔写真と氏名 住所 生年月日 性別が

裏面にはマイナンバー（個人番号）・氏名・生年月日が記載されています
●このカードを拾得された方は、お手数ですが、下記連絡先までご連絡ください。
（連絡先）個人番号カードコールセンター　0570－XX－XXXX（24時間受付）
個人番号　0000 0000 0000
氏名　毎南　一郎
昭和44年　7月 21日生
●法律で認められた者以外の者が個人番号をコピーすることは、法律で禁止されています。また、記載事項を改ざんした者は、法律により罰せられます。
※個人番号カードのイメージは2015年12月の政府発表案を元に作成しました
個人番号カードって 作らなくてもいいんですよね？
〇×商店
個人事業主の方は
報酬等の支払先へのマイナンバーの提示や納税の手続きがスムーズになるので作っておくと便利ですね
原則としてマイナンバーを使う手続きの際に通知カードでは他に身分証明書などを提示しなくてはなりませんが
通知カード
個人番号カードがあれば 1枚で自分の身元とマイナンバーを証明することができます
かなり便利になるんですね
今のうちに作っておいたほうがよさそうだな…

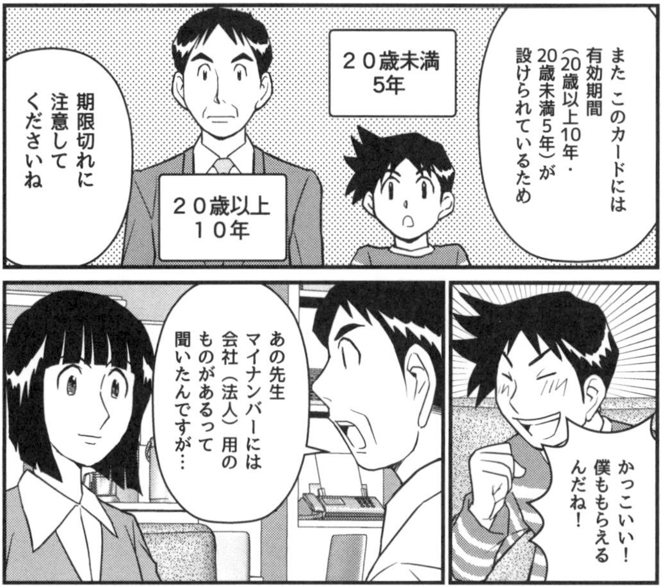

また このカードには有効期間（20歳以上10年・20歳未満5年）が設けられているため
２０歳未満 5年
２０歳以上 １０年
期限切れに注意してくださいね
かっこいい！僕ももらえるんだね！
あの先生 マイナンバーには会社（法人）用のものがあるって聞いたんですが…
これも２０１５年10月以降 登記のある全法人等に随時国税庁から13ケタの数字が通知されましたね
インターネットでも公開されていますからどなたでも確認することができます
ホッ
存在しない法人による詐欺被害事件などが起きにくくなるかもしれませんね

ポイント

ここだけは押さえよう！

- 「マイナンバー」とは、日本に住民票のある人すべてに発行される12ケタの数字のこと。原則として生涯変更されません。
- マイナンバーには「通知カード」「個人番号カード」の二種類のカードがあり、法人には13ケタの「法人番号」があります。
- 「本人確認」を簡単にし、悪用を防ぐために個人番号カードを利用しましょう。

解説 もっとくわしく知りたい！

マイナンバー制度には、大きく分けて「個人番号」と「法人番号」があり、個人番号は簡易書留で送られる「通知カード」で本人に届きます。通知カードに同封された「個人番号カード交付申請書」で申請しておくと、2016年1月からは顔写真付きの「個人番号カード」へ引き換えることができます。

なぜ「通知カード」「個人番号カード」と二重の手続きがあるのでしょうか。これは、マイナンバーの悪用を防ぐための、日本独自の「本人確認」という決まりがあるためです。海外で多発している、マイナンバーを悪用したなりすましなどの事件を防ぐため、法律で本人確認の徹底が義務付けられています。日本では、本人確認の事務手続きを簡易に進めるため、写真付き個人番号カードの使用が勧められています。個人番号カードに期限が設けられているのも、写真が古くなって本人確認が難しくなることの防止策といえるでしょう。個人番号カードを作ったら、期限内に更新しましょう。

「通知カード」と「個人番号カード」は別のものです

通知カードで住民のひとりひとりにマイナンバー（個人番号）を通知します。

通知カードは、マイナンバーの対象となる住民にマイナンバーを通知するものです。

券面には市区町村の住民票に登録されている「氏名」「住所」「生年月日」「性別」と「マイナンバー」などが 記載されています。

平成27年10月から、住民票の住所に簡易書留（世帯主宛）で配達されました。

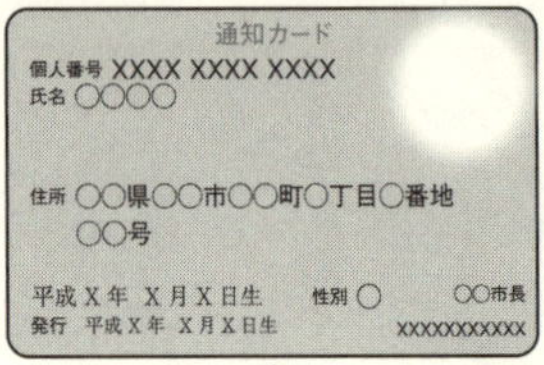

表

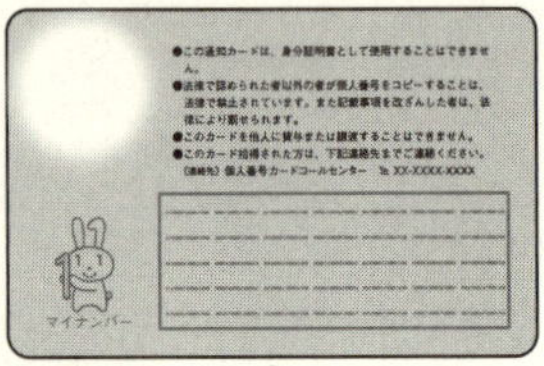

裏

個人番号カードはマイナンバーが記載され、顔写真も付いています。

個人番号カードは、プラスチック製のICチップ付きカードで券面に氏名、住所、生年月日、性別、マイナンバーと本人の顔写真などが表示されます。

本人確認のための身分証明書として利用できるほか、自治体サービス、e-Taxなどの電子証明書を利用した電子申請など、様々なサービスに利用できます。

表

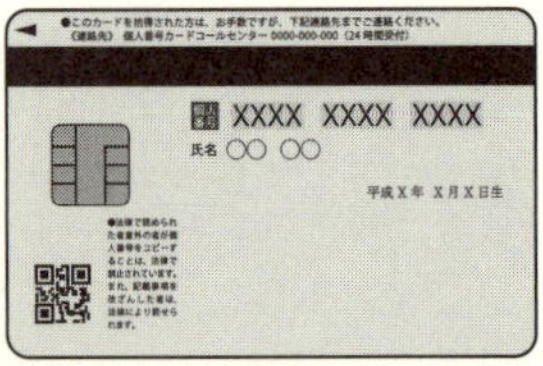

裏

Q3

マイナンバーで身分証明できる?

スポーツクラブ
フーッ
毎南さん！
あっ水町先生！
ここの会員だったんですか？
今日は無料体験なんですけど気に入ったから入会しようと思って
私も先月入ったばかりだから一緒にがんばりましょうね！
はい！
受付カウンター

スポーツクラブ
入会申込書
入会書類はこれで結構です
では最後に身分証明できるものをご提示いただけますか？
マイナンバーで大丈夫ですか？
通知カード
すみません こちらでは身分証明にならないんです
困ったな……
毎南さんどうしたんです？
あっ 先生！
今マイナンバーじゃ身分証明にならないって言われて…

氏名 毎南　花子
住所 ○○県○○市○○町X丁目X番地X号
性別 男 2026年 3月31日まで有
年　月　日
サインパネル領域
署名 毎南　花子
それなら「個人番号カード」が使えますよ
そうか！「個人番号カード」だと写真付きの身分証明書になりますものね
正解！個人番号カードの表面には本人を特定するための基本情報（氏名・住所・生年月日・性別）が記載されていましたね
さらに写真が貼ってあり厳格な本人確認のうえ交付されるものですから身分証明書として使えるんですよ
私みたいに1枚で身分証明できるものを持っていない人には便利ですね
それじゃあ個人番号カードができたらまた来ます

両面コピーして持ってくればいいわよね？
花子さん裏面は原則ダメ
え？
個人のマイナンバーは行政手続きなど一部の用途にしか提供できないんです
DVDレンタル
スポーツクラブ
だからスポーツクラブやレンタル店がマイナンバー部分のコピーを取って保管することはできません
そうなんですね
じゃあ私たちも番号をむやみに教えちゃマズイですね
その通りです
氏名 毎南 花子
住所 ○○県○○市○○町X丁目X番地X号
昭和48年 3月 31日生
性別 男 2026年3月31日まで有効
年 月 日
○○市長
サインパネル領域
マイナンバーを集める行政や企業だけでなく
個人一人ひとりも自分の番号をしっかり管理してくださいね

ポイント

ここだけは押さえよう！

●悪用を防ぐため、マイナンバーは法律で使用用途が定められており、その用途以外には使用できません。

●マイナンバーを使った占いや抽選などのサービス、子どもの迷子札などは、違法行為となる可能性が高いので注意しましょう。

●マイナンバーだけでは身分証明にはなりませんが、「個人番号カード」は写真付き身分証明書として使用できます。

※関連資料…巻末付録 P120「マイナンバーの利用範囲」

解説 もっとくわしく知りたい！

マイナンバーそのもので本人証明をすることはできません。また、定められた場合以外でのマイナンバー提供は禁じられていますから、身分証明時に気軽に個人番号カード裏面のマイナンバーを第三者に見せないよう注意しましょう。

「個人番号カード」を作るかどうかは任意ですが、運転免許証やパスポートなどの身分証明書を持っていない人にとって、表面が顔写真付きの身分証明書になるので作っておくと便利です。また、個人番号カードには電子証明書が記録されたＩＣチップが埋め込まれているので、ｅ-Ｔａｘ（国税電子申告・納税システム）の手続きが行なえます。

個人番号カードは、健康保険証や国家資格の証明書、図書館カードや印鑑登録カードなどとの一体化が検討されているので、将来はさらに便利に使えるようになると考えられます。

身分証明書にもなる「個人番号カード」を作るには

郵便による申請

簡易書留で届いた個人番号カード交付申請書に必要事項を記入し、顔写真を貼って、内容を確認。「個人番号カード交付申請書」に同封されている返信用封筒に入れて郵便ポストに投函します。

パソコンによる申請

デジタルカメラで撮影した顔写真をパソコンに保存します。交付申請用のWEBサイトにアクセスし、画面指示に従って必要事項を入力。顔写真を添付して送信します。

※詳しくは「地方公共団体情報システム機構」のWEBサイトを確認してください。

スマートフォンによる申請

スマートフォンのカメラで顔写真を撮影しておきます。交付申請書に印刷されたQRコードを読み込んで、申請用WEBサイトにアクセスします。画面指示にしたがって必要事項を入力。顔写真を添付して送信します。

証明写真機からの申請

個人番号カードの申請に対応している、街中の証明用写真機からも申請できます。交付申請書を用意して写真機を利用します。タッチパネルから「個人番号カード申請」を選択し、画面の指示に従って申請します。

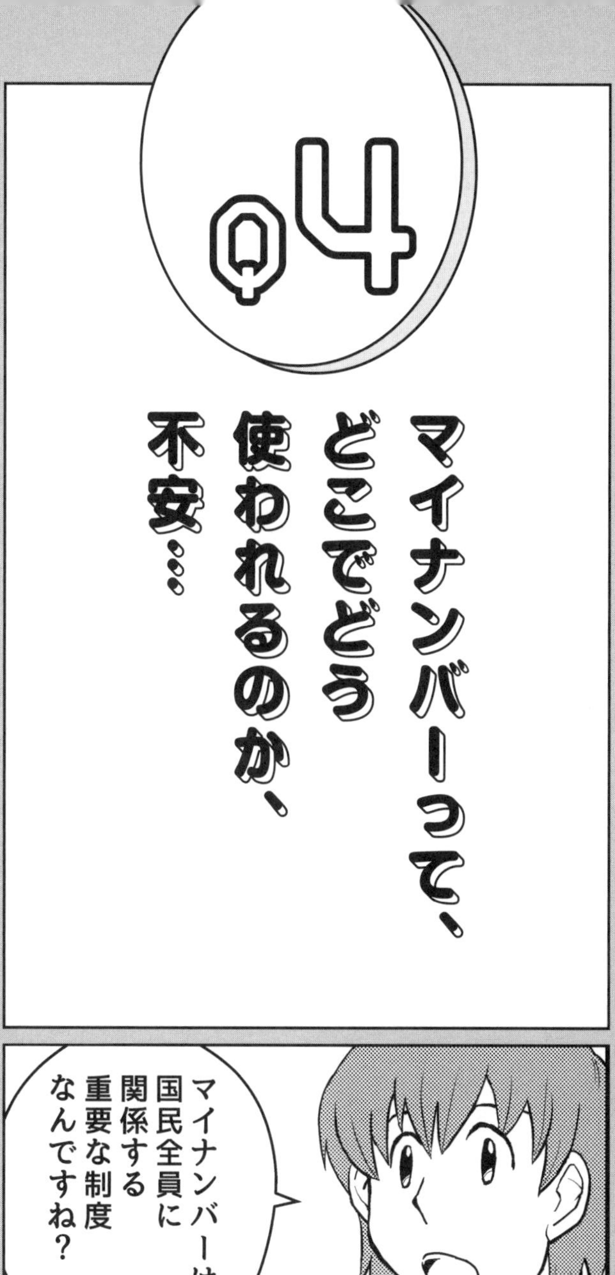
Q4
マイナンバーって、どこでどう使われるのか、不安…
マイナンバーは国民全員に関係する重要な制度なんですね？

スポーツクラ
毎南さん
無事入会されたんですね
あら先生！おかげさまでありがとうございました
時間があったら少しお茶しませんか？
はい！
毎南さんご主人はどうですか？

そうですね……
特に浮気なんかはしてないみたいですが…
???いや…あの
会社でのマイナンバーのことですが?
ブッ
……あゴメンナサイ
アセアセ
何か周りの人から質問が多くて大変とボヤいてました
最近は私にも
水町先生から何か聞いてないか?
って言ってくるようになって…
そうでしょうね特に総務の方は大変だと思います
そうですかもう少し詳しい話をさせていただいたほうがいいですね

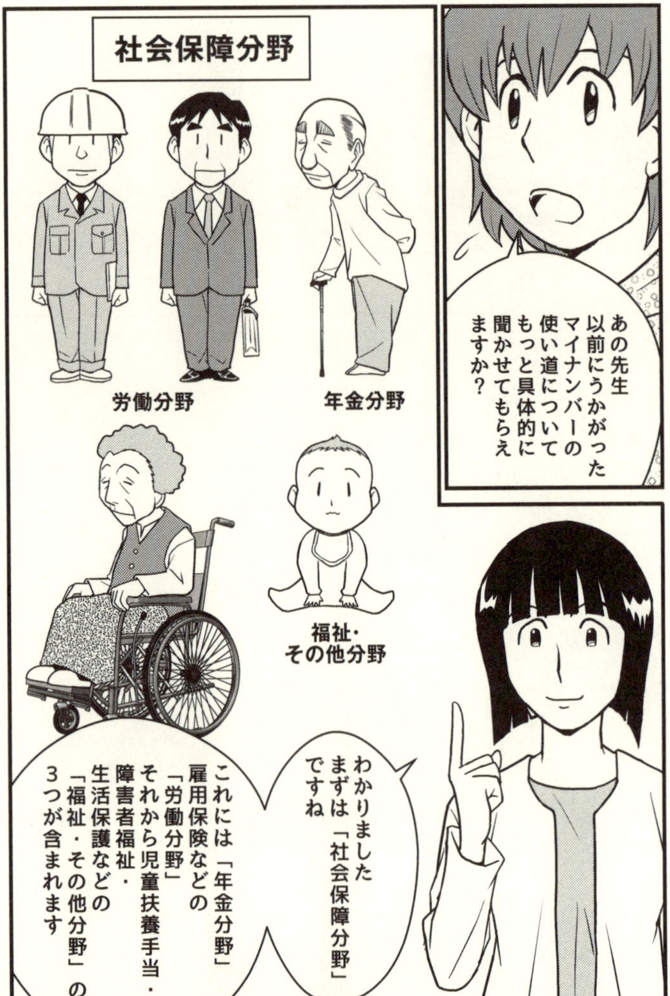
あの先生
以前にうかがった
マイナンバーの
使い道について
もっと具体的に
聞かせてもらえ
ますか？
社会保障分野
労働分野
年金分野
福祉・
その他分野
わかりました
まずは「社会保障分野」
ですね
これには「年金分野」
雇用保険などの
「労働分野」
それから児童扶養手当・
障害者福祉・
生活保護などの
「福祉・その他分野」の
３つが含まれます

次に会社員・自営業者・年金受給者・保険金受領者・配当受領者など一定の支払いを受けた人全員に関わる「税分野」
そして 災害時に被災者対応をスムーズに行うための「災害対策分野」
災害対策分野
税分野
おもにこれら3つの分野で使われます
行政窓口
一般的には行政サービスを受ける時会社の源泉徴収・確定申告などの税務処理時にマイナンバーが使われるというわけですね
マイナンバーは国民全員に関係する重要な制度なんですね？
その通りです個人番号カードにICチップが付けられたことで
今後も様々な行政や医療サービス分野で役立てられるはずです
人番号をコピーすることは、法律で禁止されています。また、記載事項を改ざんした者は、

ポイント

ここだけは押さえよう！

●マイナンバーは「社会保障（年金／労働／福祉・その他）」、「税」、「災害対策」の３つの分野で使用されます。

●東日本大震災等を受けて追加された「災害対策分野」での使用は、日本独自の経験をもとにした使用方法として注目されています。

●個人番号カードにはＩＣチップが埋め込まれており、今後もさまざまな行政サービスや民間分野で役立てられることが期待されています。

※関連資料…巻末付録 Ｐ１２０「マイナンバーの利用範囲」

解説 もっとくわしく知りたい！

おもに行政サービスの利便性や社会保障に役立てる目的で作られたマイナンバー制度。具体的な使用先は、現時点で大きく3分野に分けられます。

まず「社会保障分野」の中には、国民年金、厚生年金などに関わる「年金分野」、雇用保険などに関わる「労働分野」、児童扶養手当、障害者福祉、生活保護などに関わる「福祉・その他分野」の3つが含まれます。次に、アルバイト・パートも含めて、従業員として雇用されている人や個人事業主の所得税等、法人の税務処理に関わる「税分野」。最後に、災害時の行政事務などに使用される「災害対策分野」は、東日本大震災時の経験などを踏まえて追加されました。また、地方自治体では「地方公共団体が条例で定めた事務手続き」での活用もできます。

個人番号カードにはＩＣチップが埋め込まれており、「署名用電子証明書」と「利用者証明用電子証明書」という2つの電子証明書が搭載されます。

マイナンバーは「社会保障」「税」「災害対策の行政手続き」という3分野で使われます

社会保障

- 年金の資格取得や確認、給付の手続き
- 雇用保険の資格取得や確認、給付の手続き
- 健康保険証に関する手続き
- 福祉分野の給付、生活保護の手続き　　など

税

- 税務当局に提出する確定申告書、届出書、調書
- 税務当局の内部事務

など

災害対策

- 被災者生活再建支援金の支給
- 被災者台帳の作成事務

など

Q5

マイナンバーの漏えいが心配なんだけど…

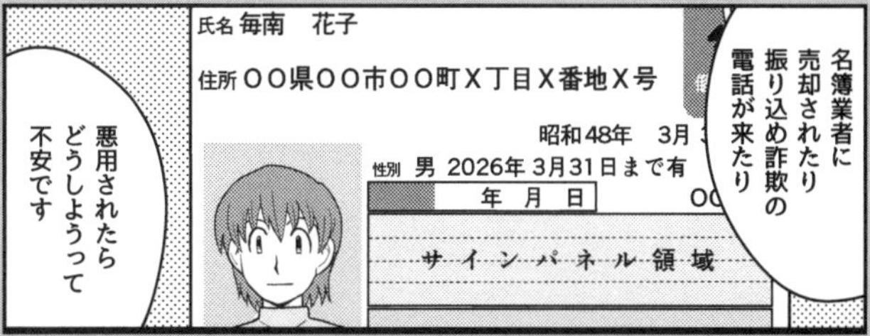

マイナンバーに関する不安他にもありますか?
いろいろ使い道があるので勤め先やお役所にマイナンバーを教えるのが心配で…
名簿業者に売却されたり振り込め詐欺の電話が来たり
氏名 毎南 花子
住所 ○○県○○市○○町X丁目X番地X号
昭和48年 3月
性別 男 2026年 3月31日まで有
年 月 日
サインパネル領域
悪用されたらどうしようって不安です
だからこそ「マイナンバー法」では厳しい罰則を設けています
例えば…
だましたり 脅しや暴力で
マイナンバーを
得ることは 当然ダメ

名簿買取
花子さんのマイナンバーを業務上扱う人が不正な利益を図る目的で他の人にマイナンバーを教えたり売ったりするのもダメです
マイナンバー名簿
罰則として罰金と懲役が同時に科されることもあります
厳しい罰則を知っていたら 簡単に不正できないかも… 他はどんなことが?
マイナンバー法の特徴的な制度に「個人情報保護委員会」という新しい機関があります
個人情報保護委員会

今まで個人情報の漏えい事件が起こっても個人情報保護法上は直接の罰則はありませんでした
NO!
これからは個人情報保護委員会が不正を取り締まることになります
故意の漏えい事件は確かに減るかもしれませんね
うっ…
でも逆に会社でマイナンバー担当になった主人が心配です…
ご主人には今から言う4つの対策を伝えてください
①マイナンバーは限られた手続きのみで使うこと
＋委託先
税務署
自治体
ハローワーク
年金事務所
健康保険組合
民間・商用

②マイナンバーは手続き上必要な人からだけ取得すること
不要
必要
不要
必要
③鍵のかかる保管庫での管理など安全管理を徹底すること
LOCK!
④手続きを委託する時は委託先をしっかり確認すること
CHECK!
手続き委託先
また 手続き上不要となったマイナンバーは確実に廃棄すること
これが大事です
わかりました
主人に伝えておきます!

ポイント ここだけは押さえよう！

●「マイナンバー法」では、マイナンバーの盗用、不正提供などに厳しい罰則が設けられています。

●「個人情報保護委員会」は、マイナンバーを含む個人情報の取り扱いについて指導・監督などを行なう独立性の高い国の機関です。立入検査の権限を持ち、個人情報の不正を調査できます。

●会社でマイナンバーを扱う際は、おもに以下の４点に気をつけましょう。

①限られた手続きだけで使う
②手続き上必要な人からだけ取得する
③安全面を考え鍵のかかる保管庫などで管理する
④委託する場合は委託先を監督する

※関連資料…巻末付録Ｐ１２２「マイナンバーを取り扱う法人の注意事項」、Ｐ１２３「定められた各書類へのマイナンバー記載スケジュール」

解説  もっとくわしく知りたい！

「マイナンバー法」には個人情報保護の視点から、マイナンバーの盗用、不正提供などについて厳しい罰則があります。また２０１５年９月の「個人情報保護法」の改正では、「取り扱う個人情報が５０００人以下であれば対象外」という個人情報取扱事業者の適用範囲が撤廃され、小規模な会社であっても個人情報に対する安全管理措置等を講じなければならなくなりました。

新たに設けられた「個人情報保護委員会」は、内閣府外局の第三者機関で、個人情報の有用性に配慮しつつも、それらが適正に取り扱われるよう各種活動を行っています。その活動にはマイナンバーの取り扱いが適正かどうか、行政機関や地方公共団体、企業等を監視・監督することも含まれており、場合によってはマイナンバーの取扱者に、必要な報告や資料の提出を求めたり、事務所へ「立入検査」を実施したりできます。

マイナンバー法(番号法)のおもな罰則

行為	個人情報保護法	マイナンバー法
個人番号利用事務等に従事する者または従事していた者が、正当な理由なく、個人の秘密に属する事項が記録された特定個人情報ファイルを提供	―	4年以下の懲役もしくは200万円以下の罰金または併科(48条)(両罰規定(57条1項)あり)
上記の者が、不正な利益を図る目的で、個人番号を提供または盗用	―	3年以下の懲役もしくは150万円以下の罰金または併科(49条)(両罰規定あり)
情報提供ネットワークシステムの事務に従事する者または従事していた者が、秘密を漏えいまたは盗用	―	3年以下の懲役もしくは150万円以下の罰金または併科(50条)
人を欺き、人に暴行を加え、人を脅迫し、または、財物の窃取、施設への侵入、不正アクセス等により個人番号を取得	―	3年以下の懲役または150万円以下の罰金(51条)(両罰規定あり)
委員会等(※)から命令を受けた者が、委員会等の命令に違反	6月以下の懲役または30万円以下の罰金(56条)	2年以下の懲役または50万円以下の罰金(53条)(両罰規定あり)
委員会等(※)に対する、虚偽の報告	30万円以下の罰金(57条)	1年以下の懲役または50万円以下の罰金(54条)(両罰規定あり)
偽りその他不正の手段により個人番号カード等を取得	―	6月以下の懲役または50万円以下の罰金(55条)(両罰規定あり)

※個人情報保護委員会、主務大臣

出典:「中小企業におけるマイナンバー法の実務対応(経済産業省)」を元に作成

Q6

仕事をかけもちしているんだけど、マイナンバーで会社にばれる？

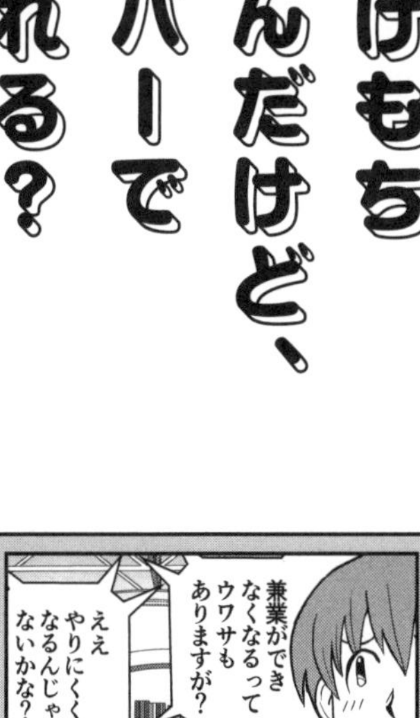

……マイナンバーのせいで
兼業ができなくなるってウワサもありますが？
ええ やりにくくなるんじゃないかな？
ではCMの後この話題について…
あら メールが来てる…
ポーン
毎南花子様
いつもお世話になっております。
Kデザインの鈴木です。
来月のイベントのA2ポスターの
デザインの仕事をご相談したいため
メールいたしました。
スケジュール、お見積りなど
ご連絡お待ちしています。
よろしくお願いいたします。
Kデザイン
鈴木

花子はコンビニでのパートのかたわら個人でデザインの仕事を受けていた
できれば受けたいけど…
兼業ができなくなるってウワサもありますが？
ええ やりにくくなるんじゃないかな？
こんなときは
ピッ
ポッ
水町先生に相談してみよう！
PiPiPi
もしもし毎南ですけど…
ああどうかされましたか？
あの…私 パートとは別にデザインの仕事を個人で受けているんですが
マイナンバーのせいでパート先に兼業していることが分かったりするんでしょうか？

それはないと思いますが…
花子さんのお勤め先は兼業禁止の決まりがあるのですか？
特に言われたことはありません
店長に聞いて就業規則を見てみましょう
そういえば最近マイナンバーのせいで秘密にしていた副業がバレる…と心配している人がいるようですが
マイナンバー
給与明細
住民税
副業
これまでもマイナンバーと関係なく住民税額の変更などで会社に気付かれることはあったと思います

そうだったんですね
ちなみにデザインのお仕事では報酬から所得税は源泉徴収されていますか?
はい引かれています
確定申告で経費や控除によって
納めた税の一部が還付される可能性があります
税金が戻ってくるかもしれないんですね
税務署
そうです そこで個人番号カードを使えば確定申告の手続きがスムーズになりますよ
わかりました
ありがとうございます!
デザインの仕事をがんばって 家族で焼肉でも行こうかな?

ポイント

ここだけは押さえよう！

- 「マイナンバーで副業がばれる」ことを気にするより、まず勤務先の規程を確認しましょう。
- 住民税の増額に経理担当者が気付くと、兼業を疑われるかもしれません。
- マイナンバーに関する根拠のない噂に、惑わされないようにしましょう。

もっとくわしく知りたい！

マイナンバー制度により情報が管理され、会社に内緒で副業ができなくなるという噂があるそうです。第一に、兼業禁止の会社で副業するということ自体が問題ですから、まずは会社の就業規則を確認しましょう。

そもそもマイナンバーに関係なく、申告していない副業を会社が見つける可能性はあるのです。本業の収入にも副業の収入にも、所得税がかかります。その情報が税務署から自治体に送られ、収入額に合わせて住民税額が決定されるわけですが、住民税を給与から天引きされる「特別徴収」にしていれば、勤務先の会社に通知されます。住民税額が急に上がると、「なぜ上がったのか」と経理や人事の担当者が気付くわけです。

住民税は特別な例を除いて、全国一律に「均等割額＋所得割額」で決定されています。大まかに言えば、仮に本業以外の副業で手取り200万円の収入があり（保険料、年金などの控除などがない場合）、それを確定申告すると、住民税の所得割額は約10％になります。この20万円を12ヶ月で割った約1万7000円が、毎月の住民税に加算されます。

「住民税」算出の仕組み
個人住民税の特別徴収
(給与から引き落とし) について

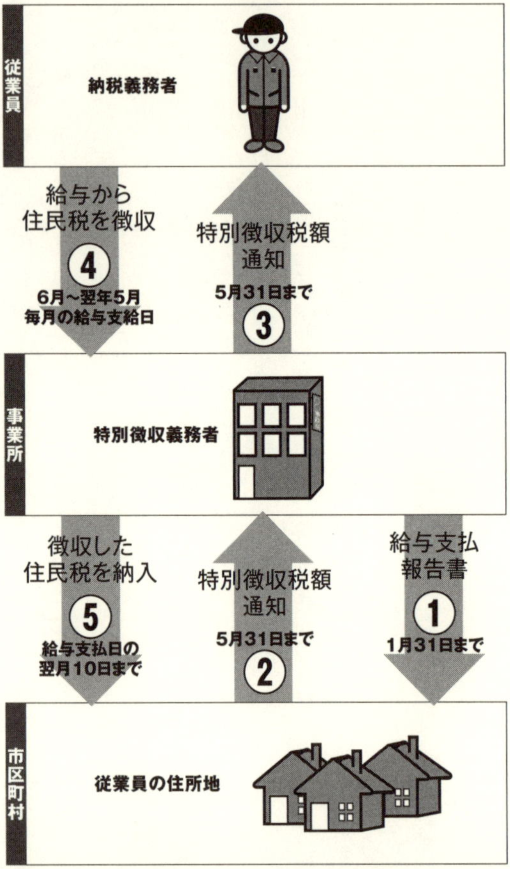

個人住民税の特別徴収とは、給与支払者が、所得税の源泉徴収と同様に、住民税の納税義務者である給与所得者に代わって、毎月従業員(※)に支払う給与から住民税(市区町村民税・都道府県民税)を徴収し、これを翌月10日までに納入する制度です。

※従業員には、正社員ではない契約社員、短期雇用者、アルバイト、パート、役員なども含みます。

Q7

総務担当なんだけど、社員からの質問にどう答えればよい？

先生
ちょっと
ご相談が…
どうしたんですか?
実は
会社で…
事例①
さて
いよいよ社員の
マイナンバー
収集だな
毎南君
経理から今月中に
集めてくれと言わ
れているけど
どうなってる?
管理本部長
え? 今月中?
何とか
がんばって
みますけど…
そうか
頼んだよ
まいったなー
どうやったら
効率的に収集・管理
できるのかな?
支店
支店
支店
支店
支店
本社
本社の社員だけでなく
地方の支店の社員は
どうすれば
いいんだろう?

本人確認書類を持参してもらうかコピーを郵送してもらうかスキャンしてメールしてもらいましょう
持参の場合は封筒に入れて郵送の場合は簡易書留などでメールの場合はパスワード設定などをしておくこと
本人確認書類については個人番号カードが便利です
郵便
簡易書留
他の人の目に触れさせないこと…ですね
収集したデータは安全に保管しましょう
書類はキャビネットなどに鍵をかけてしまっておく
データはセキュリティエリアにパスワードなどを付けて保管する
パスワードの定期変更やアクセス記録を残すことも大事ですね
ID？
PASS？
事例②
実際の経理の書類関係でマイナンバーって
どこで使うんですかねえ
経理部長
税の申告書と…あと何だっけ？

源泉徴収票や扶養控除等（異動）申告書支払調書などの税の手続き
健康保険や厚生年金保険雇用保険の加入などの社会保障手続きで使います
書類にマイナンバー記入欄が設けられますのでそれに従いましょう
税
社会保障
けっこういろいろあるな…
注意点は税務署やハローワークなどに渡す書類はマイナンバーを記載しますが
本人に渡す書類は原則としてマイナンバーを書かないということ
1234567890XX
どうしてですか?
それはマイナンバーの漏えいなどのリスクに配慮しているためなんです

事例③
毎南さん 今までお世話になりました 今月末で退職します
お疲れさま 次行っても がんばれよ!
退職者
ところで 僕のマイナンバーのデータを返してほしいんですが…
うーん…
返していいのかな?
企業には元従業員の扶養控除申告書などの書類を保存する義務があるので退職したからといってすぐに処分はできません
一番長く保存する必要がある税分野で7年の保存義務があります それを目安に管理してください
削除の際はシュレッダーや粉砕など確実な消去をした上で削除履歴を必ず記録するようにしてください
マイナンバー記録
削除履歴
最長7年間

ポイント

ここだけは押さえよう！

●個人番号カードがあれば、「人違いでないこと」と「マイナンバーが間違っていないこと」を1枚で確認できます。

●法人組織退職者のマイナンバーは、退職後も組織内で保管義務があります。

●法人組織でのマイナンバー削除の際は、必ず削除履歴を残しましょう。

※関連資料…巻末付録 P122「マイナンバーを取り扱う法人の注意事項」、P123「定められた各書類へのマイナンバー記載スケジュール」

解説 もっとくわしく知りたい！

担当者にとっては、頭の痛い会社でのマイナンバー管理。とはいっても、これまで会社が行ってきた税や社会保障の手続きで、対象者の氏名や住所とともにマイナンバーを取得し管理することが加わるだけですので、事務フローが大幅に変わるわけではありません。

マイナンバーの場合、必ず本人確認をしなければなりませんが、基本はシンプル。「人違いでないこと」と「マイナンバーが間違ってないこと」を確認すればいいのです。従業員の場合、入社時に本人確認をしていれば、マイナンバーが間違っていないことだけを確認すればOKです。

社外の人の場合、人違いでないことを身分証明書で、マイナンバーが間違っていないことをカードなどで確認します。個人番号カードであれば、人違いでないこと、そしてマイナンバーが間違っていないことを1枚で確認できますので、各自に個人番号カードの取得を促すのが効率的でしょう。

マイナンバーを集める時は・・・

必要な手続きのためにマイナンバーを収集する際は、相手に利用目的を明確に伝えることと、本人確認を確実にすることが大切です。従業員のマイナンバーを収集する際は、次のような書式を準備しておくこともよいでしょう。裏面には、「マイナンバーの利用目的」を記載します。入社時に本人確認していれば不要ですが、新入社員や取引先などは「本人確認」も必要です。

従業員のマイナンバー提出時の書式例

【表】

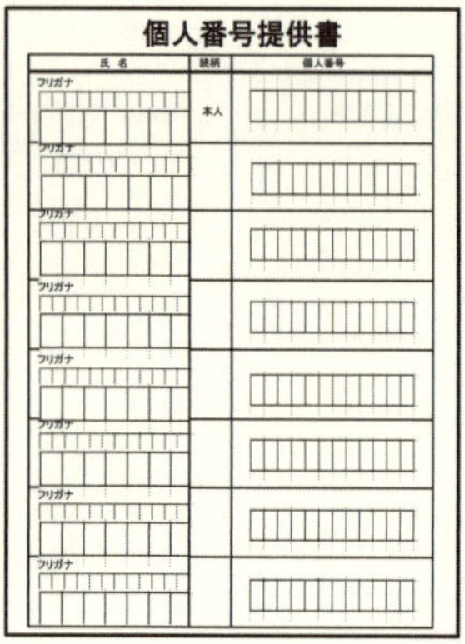

【裏】

マイナンバーの利用目的について

ご提供いただいた個人番号及び特定個人情報は、法令に従い、以下の事務を処理するために利用し、同事務の処理に必要な範囲を超えて取り扱うことはいたしません。

①源泉徴収票等の法定調書作成事務

②健康保険・厚生年金保険届出事務

③雇用保険届出事務

〒〇〇〇－〇〇〇〇
〇〇県〇〇市〇〇町1－1－1
株式会社〇〇〇〇　〇〇部　〇〇〇〇

プラス

・本人確認（人違いでないこと）
・マイナンバー確認（番号が合っていること）

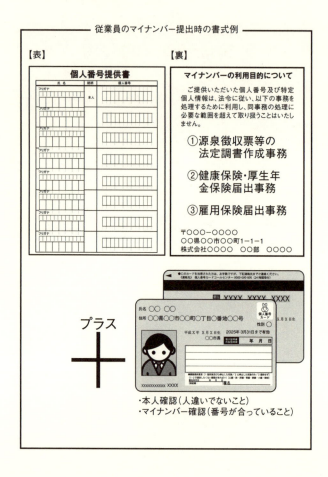

Q8

確定申告とマイナンバーは関係ある?

ただいまー
おかえりー 早かったわね
うん 今日は 水町先生の 家庭教師が あるからね
ポストに 郵便が届いて たよ
あら ありがとう
前にデザインの 仕事をした時の 支払調書だわ…
支払調書在中
K-Design
ケイ・デザイン
毎年 インターネットで 確定申告を済ませて きたけど
確定申告
これからは マイナンバーが 関係してくる のよね…
ピンポーン

こんにちはー水町です
あら先生いい時に来ていただいて助かります！
？
またマイナンバーのことなんですけど…
わたし今年も2月に確定申告をしようと思っているんです
その申告の際にマイナンバーってどう関わるんでしょうか？
税務関係の手続書類（確定申告書・各申請書・各届出書・支払調書等）にマイナンバーを記載して提出することになりますね
地方税関係の申告書にも記載が必要です
マイナンバー
各申請書
各届出書
確定申告書
支払調書

えー大変!
2016年の所得からマイナンバーの記載が始まりますので
要マイナンバー記載
確定申告(2017年)
2016年 所得
1/1〜12/31
2/16〜
2016年中に報酬などをもらう場合はその税務手続きのために支払元(デザイン会社)にマイナンバーを教えます
花子さんが確定申告をするのは2017年の3月ですね
そういえばデザイン会社から届いたこの支払調書なんですけど…
私が報告したはずのマイナンバーが書かれてないんですよ…どういうことなんでしょうか?
個人番号又は法人番号
それには理由があるんです

支払元（デザイン会社）は税務署にはマイナンバーを記載した支払調書を提出して
支払先である花子さんにはマイナンバーを記載していない支払調書を送っているんです
支払調書
記載あり
記載なし
1234567890XX
なぜなら送られてきた調書を銀行など各機関で収入の証明として使用することもあるので
支払調書
銀行
マイナンバーが拡散するリスクを防ぐために記載しないようにしているんです
それで支払調書にはマイナンバーが書かれてなかったんだ…
実は 支払元は支払先に調書を送る義務はないんです
POST
でも個人が確定申告する時にはあったほうが便利ですよね？
あらかじめサービスで送ってくれるのが商慣習になっているんです

ポイント

ここだけは押さえよう！

●確定申告など税務関係の書類へのマイナンバー記載は、２０１６年１月１日以降の所得から始まります（申告期間は２０１７年２月〜３月）。

●会社は源泉徴収票などの法定調書を作成するため、マイナンバーを取り扱い始めます。２０１６年分の法定調書の提出時期は、原則として２０１７年１月末です。

●個人は、給与や報酬を支払う会社などに、自分のマイナンバーを教えます。また確定申告をする人は、確定申告時に自分のマイナンバーを記入します。

※関連資料…巻末付録 Ｐ１２３「定められた各書類へのマイナンバー記載スケジュール」

もっとくわしく知りたい！

２０１６年１月１日以降の所得に対する確定申告から、各書類へのマイナンバーの記載が始まります（申告期間：２０１７年２月～３月）。会社員、つまり給与所得者の多くは確定申告する必要がありませんが、たとえば、夫が会社員で妻が扶養に入っている場合（夫と妻が逆の場合も同様）、パートなどで妻に収入があっても、給与収入が１０３万円以下なら所得税はかかりません。職場によっては、あらかじめ10%が源泉徴収されていますから、その場合、確定申告をすると納めすぎた税金が戻ってくる可能性があります。また、給与の収入額が２０００万円を超える人や、給与以外の所得が20万円を超える人は、確定申告をする必要があります。

個人事業主は基本的に確定申告が必要で、その場合、マイナンバーの取り扱いが発生します。また、個人事業主は報酬の支払元に対するマイナンバーの提供も発生します。必要な時になって慌てなくてすむように、準備を進めておきましょう。

確定申告へのマイナンバー記入例

所得税の確定申告書B

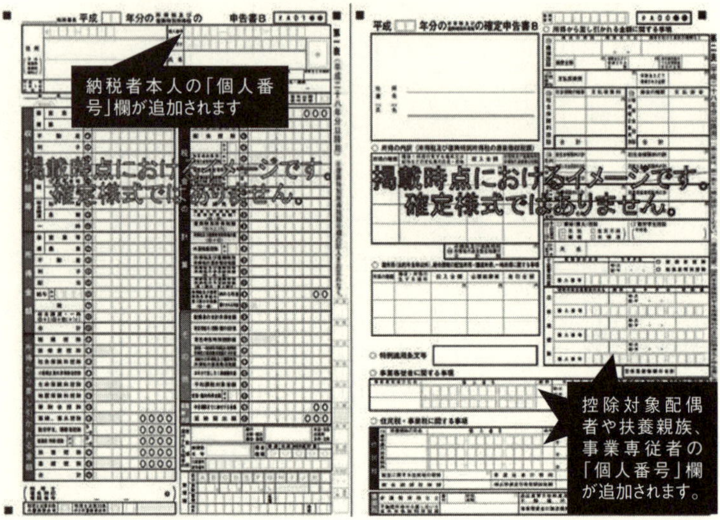

※様式は、平成27年6月30日時点のイメージです

【ポイント】

①平成28年分の申告書（平成29年2月16日から3月15日までの確定申告期に提出するもの）から、納税者本人の個人番号を記載して提出します。

②納税者本人の個人番号以外に、控除対象配偶者や扶養親族、事業専従者についても、個人番号の記載が必要です。

③提出する際には、番号法に定める本人確認のため、次のいずれかの書類の添付をお願いします。

・納税者本人の個人番号カードの写し

・納税者本人の通知カードの写し及び免許証などの写真付身分証明書の写し

※控除対象配偶者や扶養親族、事業専従者については、これらの書類は不要ですが、納税者本人が控除対象配偶者や扶養親族、事業専従者の個人番号を確認してください。

④確定申告書第三表、第四表、第五表や青色申告決算書、収支内訳書、各種計算明細書には「個人番号」欄は追加しないこととしています。

出典：「国税分野における社会保障・税番号制度導入に伴う各種様式の変更点（国税庁）」より

Q9

会社のマイナンバー管理、税理士まかせでいいよね？

SALE
せっせっ
毎南さん
お疲れさま
コンビニオーナー
オーナー
お疲れさま
です
店長に
マイナンバーを
集めるように
言っておいたん
だけど
もう提出した？
はい
マイナンバーって
集めるほうも
大変ですね
確定申告にも
必要なんですって
へぇ
確定申告ねえ
知らなかったよ

え? 知らないんですか?
ああ 会社のマイナンバーのことは 全部税理士に任せてるから…
正直わからん!
ガクッ
アタシこんな人に大切なマイナンバー預けて大丈夫ーー?
あのー すみませんーー
はーい 今行きますー
こんにちは毎南さん
先生ーっ いいところに!
え? どうかされました?

ん？毎南さんのお知り合い？
ええお隣の弁護士水町先生です
いつもマイナンバーのことを教えてもらってるんです
へえ私も教えてもらおうかなーハハハ
先生聞いてくださいよ！
オーナーはマイナンバーのことは税理士に任せっきりらしいんですけど
それでいいんですか？
ええマイナンバーの取り扱いを外部委託することは可能ですよ
委託元
委託先
マイナンバー

本当ですか？
勝手に私のマイナンバーを外に出されたら心配なんですけど…
委託については元の委託者が許可さえすれば
委託元
委託先
OK!
再委託先
マイナンバー
外部委託先がさらに別の会社に再委託することもできます
でも委託元の人が何も分からなかったらダメですよね！
そうですね
委託元には委託先に対する「監督責任」があります
マイナンバー
さらに委託元は再委託の場合でも監督責任が発生します
任せた後は知らないでは済まないんです

ポイント

ここだけは押さえよう！

●マイナンバーの管理は、外部委託が可能です。

●委託者の許諾があれば、委託先はマイナンバーの管理を再委託できます。

●委託する側は委託先への「監督責任」があります。再委託の場合も監督責任が発生します。

解説 もっとくわしく知りたい！

管理に手のかかるマイナンバー。外部に委託して管理してもらおうという会社も多いようです。委託先としては、マイナンバー法に詳しい弁護士、税理士、社労士などが所属する事務所や、総務業務のアウトソーシングを請け負う専門の会社などがあります。

外部委託する際に注意する点は、委託者の許諾があれば委託先は再委託できるということと、委託する側は委託先に「監督責任」を持つということがあげられます。また、再委託の場合でも監督責任があります。

参考までに、マイナンバーをインターネット上で安全に管理できる便利なクラウドサービスも各社から提供されていますが、クラウド業者がマイナンバーに直接アクセスしなければ、委託にはあたりません。もっとも、クラウド上でマイナンバーが見られなくなった場合などは、修復してもらうためにクラウド業者がマイナンバーにアクセスしなければならず、その場合は委託にあたるため監督が必要です。

マイナンバーの委託・再委託

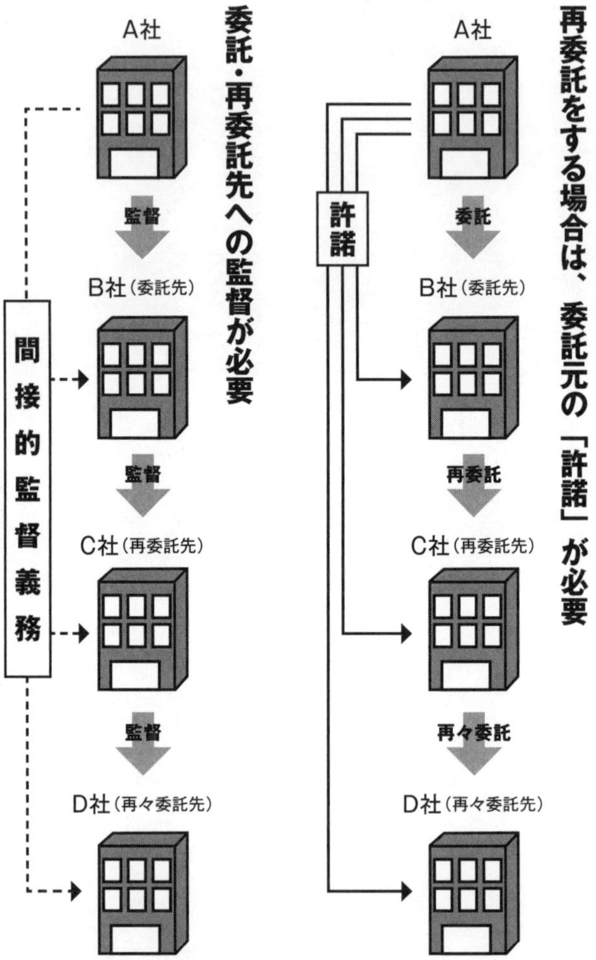

違反すると、個人情報保護委員会の勧告、命令の対象になります。

Q10

マイナンバーに関する詐欺が心配。何に気をつけたらいいの？

カンパーイ!
水町先生 守だけでなく マイナンバーでも お世話になり ありがとう ございます!
いえいえ こちらこそ ごちそうに なります
ささやか ですけど 召し上がって くださいね
プルルルルル
はい 毎南ですが…
チャッ

あー…
○×市役所の
マイナンバー
課の者ですが…
○×市役所?
マイナンバー
課…
誠に申し訳ない
のですが
お宅に
割り当てられた
マイナンバーに
不備があり
ましたので
番号を再発行
することに
なりました
え?
そうなんですか
パパも大変だけど
お役所も
大変なのね…
つきましては
家族構成や
年金受給者の有無
ご主人の預金口座
などの…
情報を教えて
いただきたいの
ですが
え…ちょっと
待っていただけ
ますか?
んんん?
なんか怪しい?

水町先生！マイナンバーについて変な電話がかかってきたんですけど…
怪しいですね『すぐにわからないから折り返す』ことにしたらどうですか？
今 主人もおりませんので後で調べて折り返してもよろしいでしょうか？
困ったな…本日 一斉に調査する決まりなんですよ
番号に不備があるとサービス開始に間に合いませんが
それでもよろしいのですか？
うーん…
ザッ
もしもしお電話代わりました
弁護士の水町と申します
え？ なんで弁護士が…

役所の方ということですがマイナンバーは一生変更されないという原則はご存じですよね？
はあ？
あなた市役所の方なんですよね？
個人情報を聞き出していったい何にお使いになるんですか？
・・・・・・
くっ！
ガチャ
こわかった…先生ありがとうございます！
先生かっこいいー！
マイナンバーを利用した詐欺かもしれませんね
あんなことを聞いてどうするんでしょうか？
個人情報を集めて売るとか 振り込め詐欺を狙っているのかも…
この件は消費者ホットライン「188」（いやや！）や警察相談専用電話「#9110」に連絡しておいたほうがいいですね
はい そうします！

ポイント

ここだけは押さえよう！

●マイナンバーに関する、関係者を装った電話やメール、訪問には気を付けましょう。

●マイナンバーを含む個人情報を、安易に教えないようにしましょう。

●おかしいと思ったら、消費者ホットラインや警察の相談専用電話に連絡しましょう。

消費者ホットライン　１８８（いやや！）

警察　相談専用電話　＃９１１０

※関連資料…巻末付録　P１２７「市区町村専用窓口以外のマイナンバー関連窓口」

もっとくわしく知りたい！

マイナンバーの通知が始まって以降、電話や訪問によって、不正な手口でマイナンバーや個人情報を聞き出そうとしたり、マイナンバーを理由に金銭をだまし取ろうとする事件が発生しました。このような事件が連日報道された時期もあったため、マイナンバーに関する詐欺を心配する声も聞かれます。被害にあわないためには、これまでも解説してきたマイナンバー制度のポイントをしっかり押さえておく必要があります。

現在マイナンバーは、社会保障、税、災害対策という3つの行政分野でのみ利用されることが法律で決まっています。また、マイナンバーを利用する手続きでは、原則、顔写真付きの身分証明書などで本人確認を徹底することになっています。電話やメールで安易にマイナンバーを聞き出そうとする相手には警戒が必要です。また、マイナンバーの手続きを理由に口座情報を電話で聞いたり、指定の口座への振り込みを案内したり、訪問してきてその場で金銭を要求するような相手にも、注意しなければなりません。不審な電話やメール、訪問があった場合は、消費者ホットラインや警察の相談専用電話に連絡しましょう。

マイナンバーを利用した詐欺かもしれません

《不審な電話などを受けたらこちら》
消費者ホットライン 188(いやや!)
消費者ホットラインや最寄りの市区町村の消費生活センター、消費生活相談窓口などに相談しましょう。

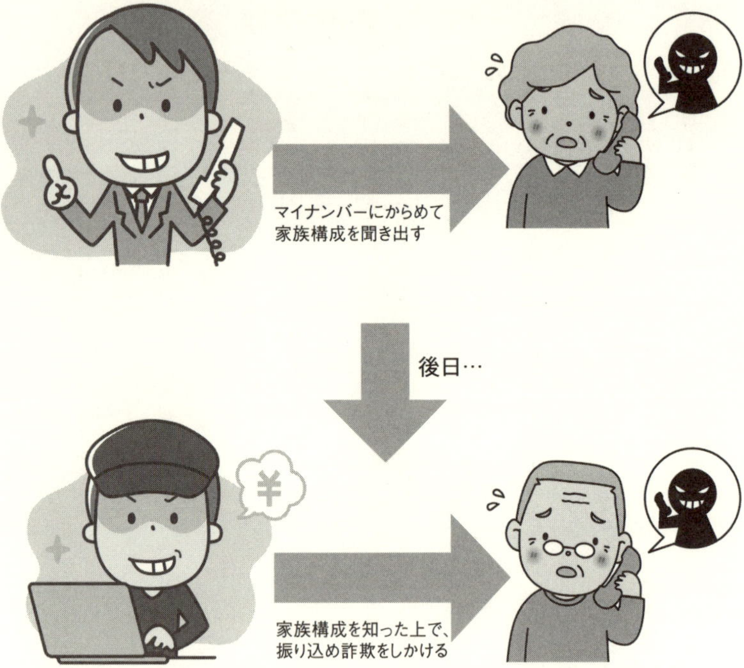
マイナンバーにからめて
家族構成を聞き出す
後日…
¥
家族構成を知った上で、
振り込め詐欺をしかける

Q11

マイナンバーで自分の預貯金まで把握されるって本当？

…ええ
よろしくお願いします
フー
相談窓口に報告しました…
お疲れさまでした
どうでした？
同じような相談が多いそうです
今まで老夫婦の家に振り込め詐欺を仕掛けていた詐欺グループが
あーもしもしオレだけど…
あらかじめ家族構成を確認してから
マイナンバーの件でお話が…
マイナンバーに絡めて後日詐欺を仕掛けるという手口らしいです

報告がたくさん集まれば犯人も騙しにくくなるはずですよ
お母さんやるぅ～！
ところで水町先生
昨晩の電話で相手の男が
「銀行口座」についても聞いてきたんですけど
News Topics
マイナンバー預金口座と連結
わたし以前にマイナンバーと預金口座が繋がるってニュースを見た覚えがあったから
うっかり信じそうになりましたよ

ええ 確かに 2015年 9月の国会での 法改正の時に そんなニュースが ありましたね
銀行口座に マイナンバーを付けたり メタボ健診などで使われる ことになります
銀行
水町先生 預金口座と マイナンバーって 本当に繋がるんですか？
施行は2018年 からの予定ですので もう少し先になります
2018年～
預金
BANK
また今のところ 「強制」ではなく 「任意」での利用と なっています
任意なんで すね あっ 証券口座は どうなんで すか？

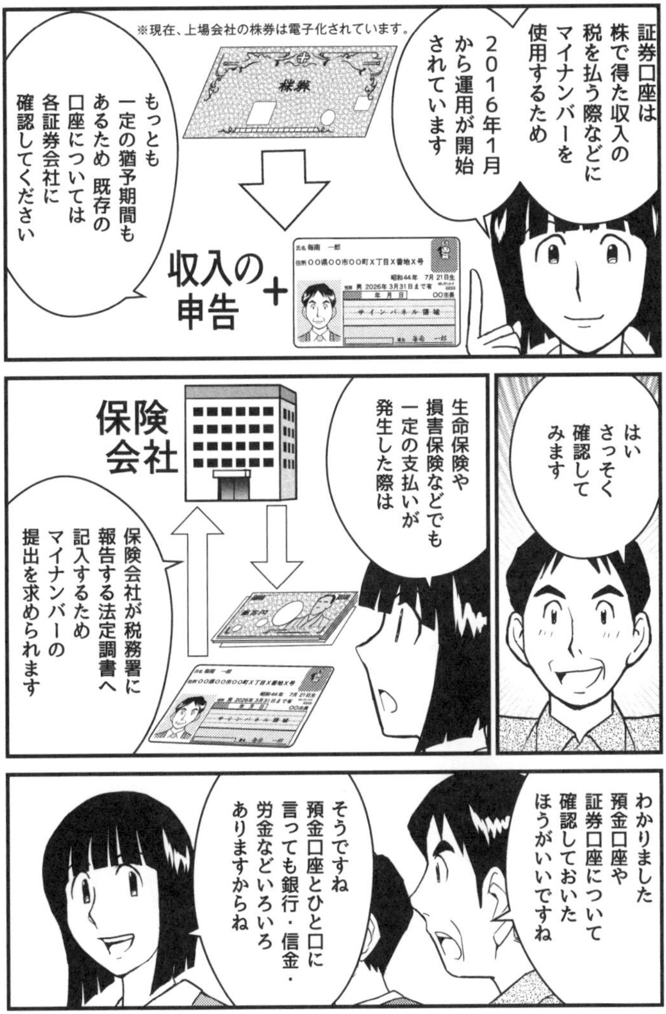
証券口座は株で得た収入の税を払う際などにマイナンバーを使用するため
2016年1月から運用が開始されています
※現在、上場会社の株券は電子化されています。
株券
収入の申告
＋
もっとも一定の猶予期間もあるため 既存の口座については各証券会社に確認してください
はい さっそく確認してみます
生命保険や損害保険などでも一定の支払いが発生した際は
保険会社
保険会社が税務署に報告する法定調書へ記入するため マイナンバーの提出を求められます
わかりました 預金口座や証券口座について確認しておいたほうがいいですね
そうですね 預金口座とひと口に言っても銀行・信金・労金などいろいろありますからね

ポイント

ここだけは押さえよう！

●マイナンバーと預金口座のひも付けは、２０１８年からを予定しています。

●当面、銀行へのマイナンバー告知は任意ですが、預金口座をマイナンバーとひも付けておくと、ペイオフ時のメリットがあります。

●証券口座を開設する際には、証券会社へのマイナンバー提示が必要です。

※関連資料…巻末付録　Ｐ１２４「預金保険法による預金口座扱いの組織」

もっとくわしく知りたい！

２０１５年秋の法改正では、預金口座とマイナンバーのひも付け、健康保険組合などによる特定健康診査（メタボ健診）情報の管理などへのマイナンバー利用など、利用範囲の拡大が決まりました。

預金口座とマイナンバーのひも付けによって、財産が筒抜けになるのでは、と心配する声もあるので、預金口座とマイナンバーの関係について整理してみましょう。実際にひも付けが始まるのは２０１８年からの予定で、当面は任意となっていますから、預金者は銀行などからマイナンバーの告知を求められても、今のところ法律上の告知義務はありません。ですが、この利用範囲拡大は、金融機関が破綻した際の預金者保護の制度の一つ「ペイオフ」のために預金保険機構が利用することが目的の一つとなっており、預金者にとっては、スムーズな預金者保護対策というメリットがあることも理解しておきましょう。

証券口座の場合は２０１６年１月から、口座開設時に証券会社へのマイナンバー提示が始まりました。これは税分野での利用になり、証券取引に伴い、法律で定められている各種支払調書などでの利用のために必要となります。

マイナンバー付き預貯金情報の利用

マイナンバー付きの預貯金情報を税務手続きで効率よく利用するため、預貯金情報をマイナンバーで検索できる状態にして管理することが、銀行などに対して義務づけられました。(2018年から施行予定)

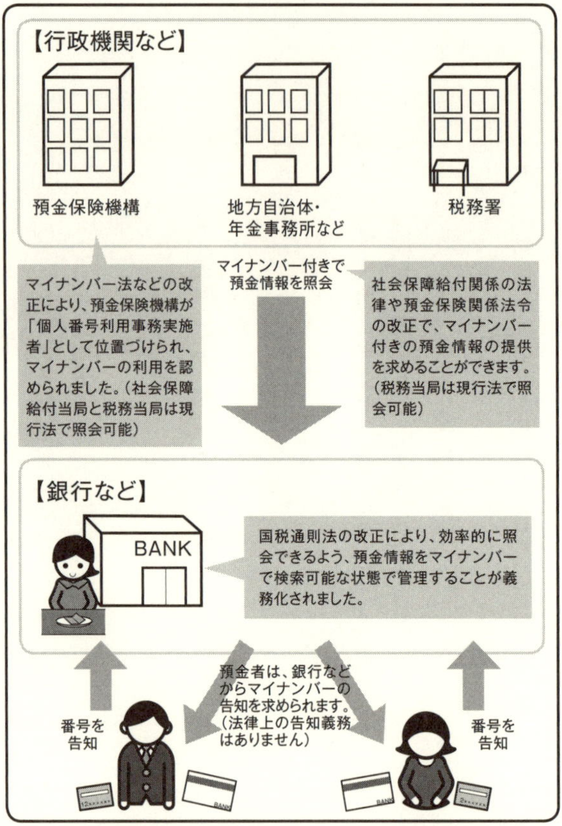

出典:「平成27年度改正関係資料(納税環境整備関係)」(財務省)より

Q12

マイナンバーのカードをなくした場合は、どうすればいいの？

とび出し注意!
マイナンバーのカードって知ってる?
僕もう作ってもらったんだ!
へー いいなー 見せてよ!
ダメダメ! 大事な番号だから誰にも見せちゃいけないんだって
ゴソ
だから大事にしまって…
…あれ?
ん?
守くんどうしたの?
ないっ ないよ! なくなった!
せっかくカードを作ってもらったのに…
ガサガサ
えーーっ!?

え?マイナンバーのカードをなくしちゃったの?
ごめんなさい…
まさか学校へ持っていくなんて
そうだったんですか…
私もどうしたらいいのかわからなくて
それで先生にご連絡を…
先生…
守くん大丈夫よ
個人番号カードは簡単に悪用できないような作りだから
氏名○○ ○○○
住所○○県○○市○○町X丁目X番地X号
個人番号カード
○○市長
すぐに悪いことが起こるわけじゃないのよ
だから落ち着いて

こういう場合 まずどうすれば いいでしょうか？
まずは コールセンターに 連絡して 一時停止処理を すること
コールセンター
570-××-××××
120-××-××××
日 9:30〜22:00
土日祝 9:30〜17:30
KOBAN
届出書
それから最寄りの 交番に遺失届出書を 出すことになります
守には個人番号 カードじゃなくて
通知カードを 持たせておけば まだ大事にならずに 済んだので しょうか？
日本国 旅券
JAPAN PASSPORT
花子さん 個人番号カードは パスポートや クレジットカード などと同じように
しっかり 管理しておかないと いけませんね
通知カードを なくした場合でも
同じように 遺失届出書を 出さなくては なりません

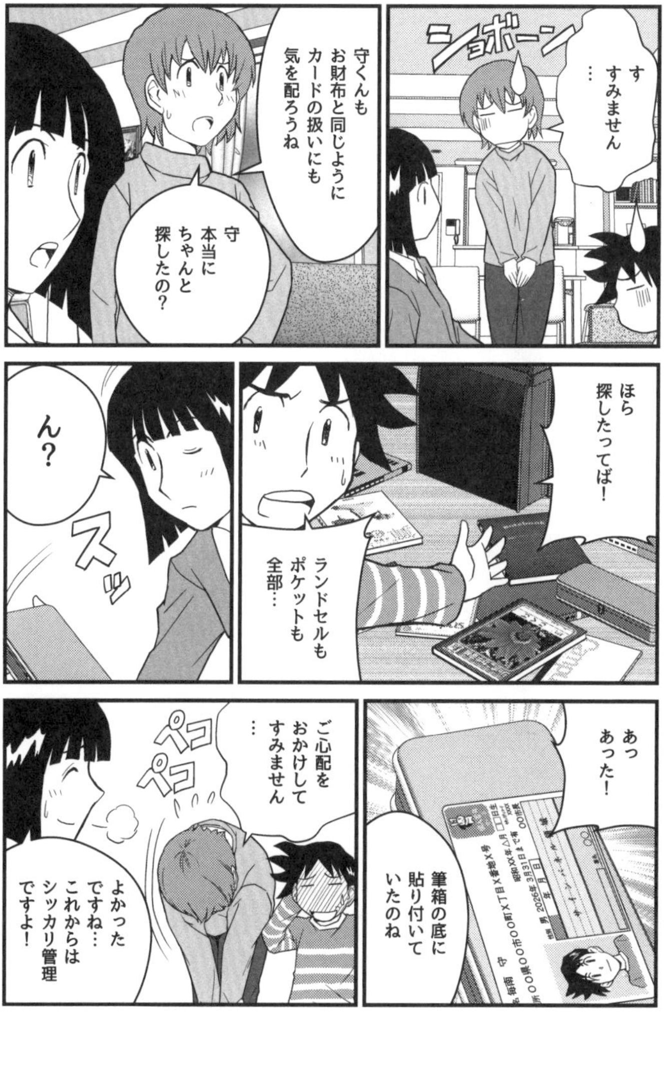
ショボーン
す すみません ……
守くんも お財布と同じように カードの扱いにも 気を配ろうね
守 本当に ちゃんと 探したの?
ほら 探したってば!
ランドセルも ポケットも 全部…
ん?
スッ
あっ あった!
筆箱の底に 貼り付いて いたのね
ご心配を おかけして すみません ……
ペコ ペコ
よかった ですね… これからは シッカリ管理 ですよ!

ポイント ここだけは押さえよう！

●「通知カード」「個人番号カード」をなくしたら、まず警察と市区町村に届け出て、必要な手続きをしましょう。

●個人番号カードをなくしたら、「個人番号カードコールセンター」に連絡します。

●漏えいして不正に使われる恐れがあると認められる場合は、マイナンバーの変更請求ができます。

※関連資料…P121「個人情報の分散管理とは」、P127「市区町村専用窓口以外のマイナンバー関連窓口」

解説 もっとくわしく知りたい！

「通知カード」「個人番号カード」という2種類のカード。どちらも氏名、住所、生年月日、性別といった個人情報が記載されていますし、個人番号カードには写真も付いています。自宅で管理する場合には、通帳やパスポートなどと同じように考えて、きちんと保管し、持ち歩く際はなくさないよう注意しましょう。

万が一、紛失してしまったら、基本的には、キャッシュカード、クレジットカードを紛失した時と同じように考えましょう。まず、どちらのカードをなくした場合も、警察に遺失届出をします。同時に、住民票のある市区町村へも届けを出します。

個人番号カードをなくした場合、「個人番号カードコールセンター」に連絡して、カードの機能の一時停止処理をしてください。カードを紛失したからといってすぐにトラブルになるとは限りませんが、なりすましや偽造に使われては大変です。基本的には生涯変更されないマイナンバーですが、漏えいして不正に使われる恐れがあると認められる場合は、変更請求ができます。

通知カード・個人番号カードをなくしたら…

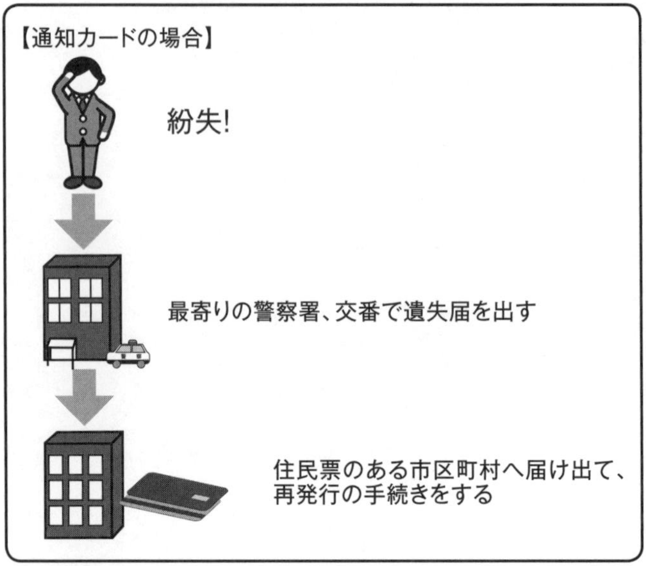
【通知カードの場合】
紛失!
最寄りの警察署、交番で遺失届を出す
住民票のある市区町村へ届け出て、
再発行の手続きをする

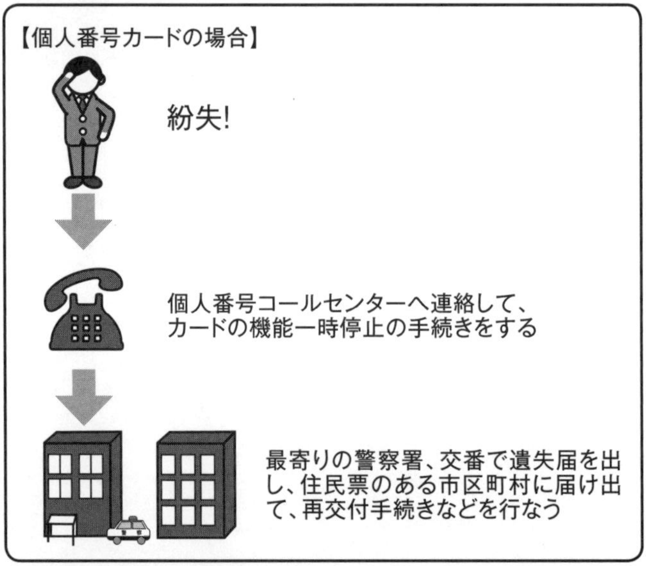
【個人番号カードの場合】
紛失!
個人番号コールセンターへ連絡して、
カードの機能一時停止の手続きをする
最寄りの警察署、交番で遺失届を出し、住民票のある市区町村に届け出て、再交付手続きなどを行なう

※カードの再発行には所定の手数料が必要になります。

Q13

これからのマイナンバーってどうなるの?

会社のマイナンバー対策はいかがですか?
先生のアドバイスのおかげで順調です!
いまや会社では「マイナポータル」が話題になってましてハハハ
何それ?
あなた知っているの?
いや知らん!
マイナポータルは2017年1月を目標に運用開始されるマイナンバー制度に対応したポータルサイトです
パスワード
サイトを使う際は個人番号カードのICチップとパスワードが必要となる予定ですから高いセキュリティで保護されます

マイナポータルを使うと各種社会保険料の支払いや納税の手続きを簡略化したり
各種証明書の申請などをネット経由で行なえるようになる予定です
申請書
健康保険証
お子さんの予防接種予定や履歴を確認できるようになることも考えられています
ますますマイナンバーが身近なサービスになりそうですね
医療データでの活用も叫ばれていますが
医療用 ID
これはマイナンバーとは別のIDで管理されるよう検討中です
マイナンバーそのものは使わないんですね
それでも医療分野のデータが活用できれば

薬局で過去の服用歴が分かったり
医療用 ID
救急搬送時に既往歴を把握して治療できたりととても期待が持てますね
たしかに急病とか緊急の時に
かかりつけのお医者さんのデータを共有できたら心強いかも
健康保険証を個人番号カードに統合する案も考えられていますしね
そうだ前にニュースでやっていた
10%?
8%?
食料品の軽減税率導入を検討
スーパーで食料品を買ったらマイナンバーで税金が戻るっていう話は…
あれはイヤ!
ブンブン

今日スーパーで何を買ったか全部バレるってことでしょ？
一人様
点限り
特売品
レジで20%引き
田舎の
カレー
SALE ¥50
特売品ばかり買っているのが分かってカッコ悪いじゃない！
……
フーッ
まあまあ…あの話も
軽減税率を何とか実現しようとして検討されたのでしょう
キャッシュカードクレジットカードポイントカードとか持ちきれないから…
のパン屋さん
Point card
個人番号カード一枚で全部済んだらラクなんだけどなー
え～ホントにそんなことになるの？
実は数年後の民間利用も検討されているんですよ
でもまずは行政サービスが先ですよね

ポイント ここだけは押さえよう！

●マイナンバーは、将来的に利用範囲の拡大も検討されています。

●「マイナポータル」では、個人に適した情報が、パソコンやスマートフォンで閲覧できるよう検討されています。

●マイナポータルでの「プッシュ型サービス」が、マイナンバーの利用価値を高めると考えられています。

※関連資料…巻末付録　P１２６「マイナポータルでできること」、P１２５「医療連携や医学研究にマイナンバーとは異なる番号を導入」

解説

もっとくわしく知りたい！

マイナンバー制度は、悪用防止の策が厳重にとられることを前提に、社会の各種手続きが便利でスムーズに執り行われるよう、利用場面が広がることも考えられています。将来的には、戸籍やパスポート、自動車登録などでの利用、民間での利用も考えられます。

そんな中、個人がより便利にマイナンバーを利用できる仕組みとして「マイナポータル」があります。マイナポータルは、個人に適した情報を提供するポータルサイトで、２０１７年１月に運用開始予定です。パソコンだけではなく、タブレットやスマートフォンなどからもサイトを利用できるよう検討されています。

マイナポータルでは、自治体などによる自分のマイナンバーのやりとりを確認できたり、自分に必要な行政サービスの知らせを「プッシュ型サービス」で受け取ることができます。このプッシュ型サービスは、現在住民の側から申請しなければ受給できない各種サービスを、行政側からプッシュしてくれる点で画期的です。また、引越し、結婚などの際に発生する各種手続きを一気に行える「ワンストップサービス」も検討されています。

2017年1月から「マイナポータル」で
マイナンバーのやりとりの記録が
確認できるようになります。

●マイナポータルでできること

・自分のマイナンバーをいつ、誰が、なぜ提供したのか確認できます。
・行政機関などが持っている自分の個人情報の内容を確認できます。
・行政機関などから、一人ひとりに合った行政サービスなどのお知らせが届きます。

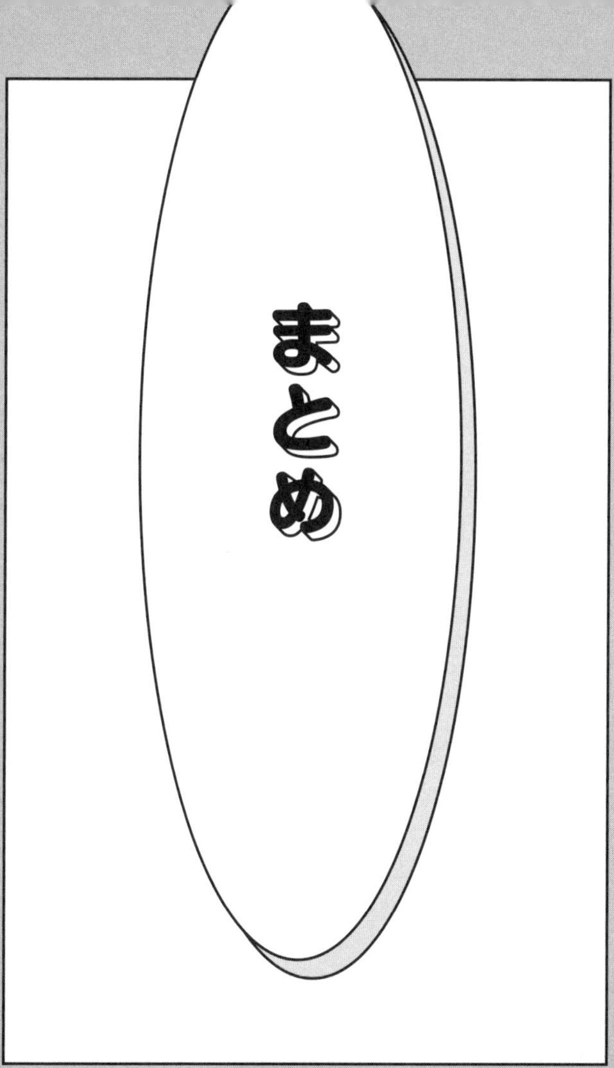
まとめ

今は始まったばかりですから混乱も多いしデメリットばかり目についてしまいますが
デメリットをできる限りなくしよい部分を伸ばしてほしいですね

はじめは「マイナンバーなんて本当に必要なの?」と思っていましたが
先生のおかげでいろいろと分かりました
ありがとう! 先生
今は始まったばかりですから混乱も多いしデメリットばかり目についてしまいますが
デメリットをできる限りなくしよい部分を伸ばしてほしいですね
水町先生 マイナンバーを導入して世の中はどう変化するんでしょうか?
例えば高齢化社会になって
お年寄りの独り暮らしが増えていますよね

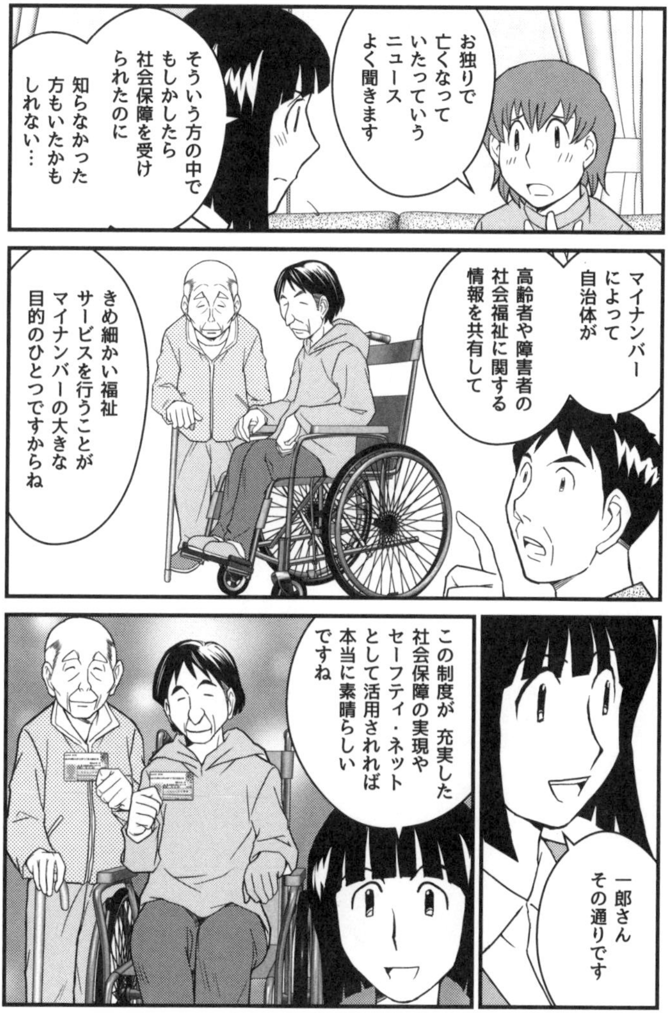
お独りで亡くなっていたっていうニュースよく聞きます
そういう方の中でもしかしたら社会保障を受けられたのに知らなかった方もいたかもしれない…
マイナンバーによって自治体が高齢者や障害者の社会福祉に関する情報を共有して
きめ細かい福祉サービスを行うことがマイナンバーの大きな目的のひとつですからね
一郎さんその通りです
この制度が 充実した社会保障の実現やセーフティ・ネットとして活用されれば本当に素晴らしいですね

多くの国ですでにマイナンバーが導入されていますが税・福祉など現在決まっているものから
今後検討されるものまで 多様な可能性を持った「日本ならでは」のマイナンバー制度として皆さんの生活に役立つといいですね
先生 マイナンバーについていろいろありがとうございました!

毎南家の皆さんは
しっかり学んで
いらっしゃい
ますから
正しい知識で
うまく付き合って
いけると
思いますよ
うまく付き
合わなきゃ
だよね！
そういえば
守は彼女と
うまく付き
合ってるのか？
彼女にも
マイナンバーとの
付き合い方を教えて
あげるんだぞ
もー
お父さん
やめてよー！

ポイント ここだけは押さえよう！

● ITインフラが整った今こそ、マイナンバー制度が根付く環境であると言えます。

● マイナンバー制度には、セーフティ・ネットとしての機能があります。

● 日本のマイナンバー制度は、多面的に進化する可能性を持っています。

もっとくわしく知りたい！

「マイナンバーって本当に必要なの？」そんなネガティブな声も聞こえてくるマイナンバー制度。マイナンバーという言葉を悪用する詐欺事件など、マイナス面が多く報道されがちです。

しかし、マイナンバー制度の導入の目的である「公平・公正な社会の実現」「国民の利便性の向上」「行政の効率化」は、いずれも重要な課題であり、ＩＴインフラが整った今こそ、改めて取り組むべき制度であるとも言えます。不正受給が発生する一方で、福祉サービスを必要とする人がそれを受けられないという現状を是正し、時間や手間がかかりすぎる行政手続きを効率化することは、私たちの社会の急務ですが、なかなか進んでいません。マイナンバー制度は、このような状況を大きく変える可能性があります。

日本のマイナンバー制度は、先人（マイナンバー先進国）に学びつつ、多面的な進化の可能性を持った制度として設計されました。今後さらに高齢化が進み、福祉の重要性が増す日本で、マイナンバーを正しく知り上手に使っていくことは、私たち一人ひとりが生活するための大きな手助けになるかもしれません。

マイナンバー制度が実現するよりよい社会とは

マイナンバー制度によって、社会保障の対象であることを知らずに給付を受けられなかった、ということが解消されるような、きめ細やかな行政サービスも期待されます。

巻末付録

巻末付録で紹介している内容は、2016年1月時点の情報を元に作成しています。

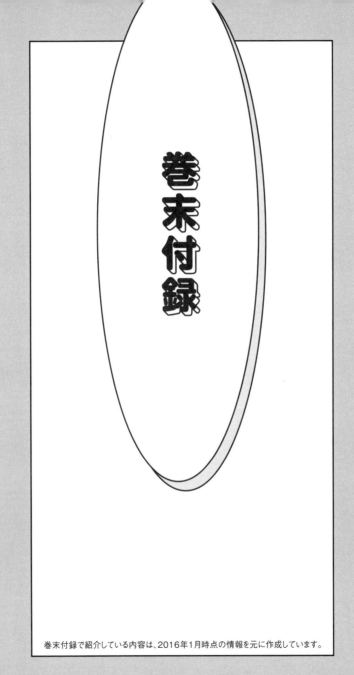

マイナンバーの利用範囲

マイナンバーは、社会保障・税・災害対策分野のうち、法令が定める特定の事務の処理に必要な範囲でしか利用できません。

社会保障分野	年金分野	→年金の資格取得・確認、給付を受ける際に利用 ●国民年金法、厚生年金保険法による年金である給付の支給に関する事務 ●国家公務員共済組合法、地方公務員等共済組合法、私立学校教職員共済法による年金である給付の支給に関する事務 ●確定給付企業年金法、確定拠出年金法による給付の支給に関する事務 ●独立行政法人農業者年金基金法による農業者年金事業の給付の支給に関する事務　等
	労働分野	→雇用保険等の資格取得・確認、給付を受ける際に利用 ハローワーク等の事務等に利用 ●雇用保険法による失業等給付の支給、雇用安定事業、能力開発事業の実施に関する事務 ●労働者災害補償保険法による保険給付の支給、社会復帰促進等事業の実施に関する事務　等
	福祉・医療・その他分野	→医療保険等の保険料徴収等の医療保険者における手続き、 福祉分野の給付、生活保護の実施等、低所得者対策の事務等に利用 ●児童扶養手当法による児童扶養手当の支給に関する事務 ●母子及び寡婦福祉法による資金の貸付け、母子家庭自立支援給付金の支給に関する事務 ●障害者総合支援法による自立支援給付の支給に関する事務 ●特別児童扶養手当法による特別児童扶養手当等の支給に関する事務 ●生活保護法による保護の決定、実施に関する事務 ●介護保険法による保険給付の支給、保険料の徴収に関する事務 ●健康保険法、船員保険法、国民健康保険法、高齢者の医療の確保に関する法律による保険給付の支給、保険料の徴収に関する事務 ●独立行政法人日本学生支援機構法による学資の貸与に関する事務 ●公営住宅法による公営住宅、改良住宅の管理に関する事務　等
税分野		→国民が税務当局に提出する確定申告書、届出書、調書等に記載。当局の内部事務等に利用
災害対策分野		→被災者生活再建支援金の支給に関する事務等に利用 →被災者台帳の作成に関する事務に利用
→上記の他、社会保障、地方税、防災に関する事務その他これらに類する事務であって、地方公共団体が条例で定める事務に利用		

出典:「マイナンバー社会保障・税番号制度」(内閣官房)より

個人情報の分散管理とは

マイナンバー制度では、情報の管理に「一元管理」ではなく、必要な情報を必要な時だけやりとりする「分散管理」という仕組みを採用しています。個人情報は引き続き、今まで管理していた各機関が管理します。

×	マイナンバーが導入されることで、各行政機関等が保有している個人情報を特定の機関に集約し、その集約した個人情報を各行政機関が閲覧することができる「一元管理」の方法をとるものではありません
○	マイナンバーが導入されても、従来どおり個人情報は各行政機関等が保有し、他の機関の個人情報が必要となった場合には、マイナンバー法別表第二で定められるものに限り、情報提供ネットワークシステムを使用して、情報の照会・提供を行うことができる「分散管理」の方法がとられます

一元管理と分散管理の違い

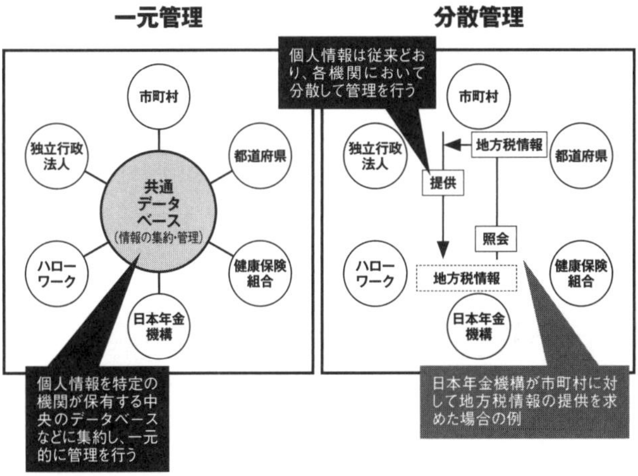

出典:「マイナンバー社会保障・税番号制度」(内閣官房)を元に作成

マイナンバーを取り扱う
法人の注意事項

マイナンバーを取り扱う法人では、マイナンバーを「限られた手続きだけで使う」「手続き上必要な人からだけ取得する」「鍵のかかる保管庫などで安全に管理する」「委託する時は委託先を監督する」ことが大切ですが、ほかにも以下のような取り組みが必要です。

①管理責任者、担当者を決めておく

…組織図で責任者、担当者を明示して、社内に周知する

②社員教育

…社員は定期で年1回、新入社員は入社時に、マイナンバー取り扱いに関する適切な教育を行う

③プライバシーポリシーの改定

…マイナンバーの保護方針を盛り込む

④社内規程の改正

…マイナンバーの使用範囲などを明示する

定められた各書類への
マイナンバー記載スケジュール

税や社会保障関係の書類へマイナンバーを記載する時期は、制度ごとに異なります。各書類にマイナンバーを記載する時期をきちんと把握し、準備をしておきましょう。

施行日	主な届出書等の内容	分野
2016年 1月1日提出分～	「マイナンバー」または「法人番号」を追加予定 ●給与所得者の扶養控除等（異動）申告書 ●従たる給与についての扶養控除等（異動）申告書 ●給与所得者の保険料控除申告書兼給与所得者の配偶者特別控除申告書 ●退職所得の受給に関する申告書 ●公的年金等の受給者の扶養親族等申告書 など	税
2016年 1月1日提出分～	「マイナンバー」を追加予定 ●雇用保険被保険者資格取得届 ●雇用保険被保険者資格喪失届 など 「法人番号」を追加予定 ●雇用保険適用事業所設置届 など	雇用保険
2017年 1月1日提出分～	「マイナンバー」を追加予定 ●健康保険・厚生年金保険被保険者資格取得届 ●健康保険・厚生年金保険被保険者資格喪失届 など ●健康保険被扶養者（異動）届 など	健康保険 厚生年金保険
2017年 1月1日提出分～	「法人番号」を追加予定 ●新規適用届 など	

国民健康保険組合については、2016年1月1日より各種届出書等にマイナンバーを記載することとなります。

出典:「いよいよマイナンバー制度が始まります」（経済産業省）より

預金保険法による
預金口座扱いの組織

1.銀行
2.長期信用銀行
3.信用金庫
4.信用協同組合
5.労働金庫
6.信用金庫連合会
7.信用協同組合連合会
8.労働金庫連合会
9.株式会社商工組合中央金庫

（定義）
第二条　この法律において「金融機関」とは、次に掲げる者（この法律の施行地外に本店を有するものを除く）をいう。

一、銀行法（昭和五十六年法律第五十九号）第二条第一項 に規定する銀行
二、長期信用銀行法（昭和二十七年法律第百八十七号）第二条 に規定する長期信用銀行
三、信用金庫
四、信用協同組合
五、労働金庫
六、信用金庫連合会
七、中小企業等協同組合法（昭和二十四年法律第百八十一号）第九条の九第一項第一号 の事業を行う協同組合連合会
八、労働金庫連合会
九、株式会社商工組合中央金庫

※預金保険法（昭和四十六年四月一日法律第三十四号）「第二条」より

医療連携や医学研究に マイナンバーとは異なる番号を導入

①個人番号カードに健康保険証の機能を持たせる
（2017年7月以降　※できるだけ早期）
→医療機関等の事務の効率化に資する

②医療連携や研究に利用可能な番号の導入
（2018年度から段階的運用開始、2020年の本格運用を目指す）
→医療機関や研究機関での患者データの共有や追跡が効率的に実施でき、医療連携や研究が推進される

①個人番号カードに健康保険証機能を付与

●個人番号カードで、医療機関の窓口での医療保険資格の確認ができる仕組みを構築する（オンライン資格確認）

②医療連携や研究に利用可能な番号の導入

●病院、診療所間の患者情報の共有や、医学研究でのデータ管理などに利用可能な番号を検討、導入

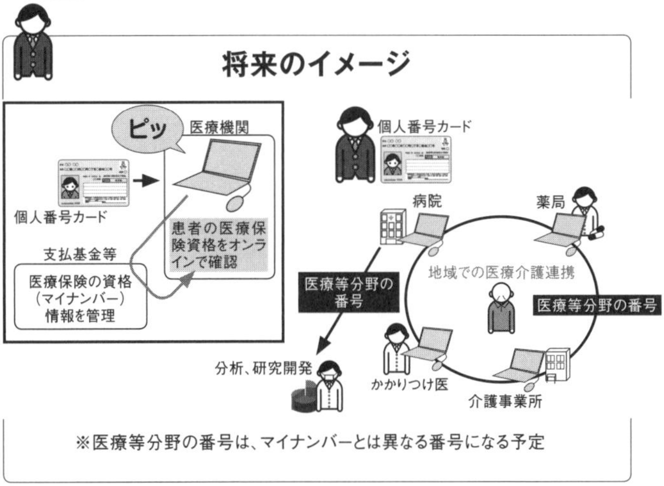

出典:「医療等分野におけるICT化の推進について」（厚生労働省）を元に作成

マイナポータルでできること

マイナポータル

（平成29年1月以降、順次サービス開始予定）

①自己情報表示
自治体などが保有する自らの特定個人情報の閲覧

②情報提供等記録表示
国や自治体などとの間の特定個人情報のやり取りの記録の閲覧

③お知らせ情報表示
自治体などからの予防接種や年金、介護などの各種のお知らせの受け取り

④ワンストップサービス
引っ越しなどライフイベントに関する手続きの官民横断的なワンストップ化

⑤電子私書箱
行政機関や民間事業者などから支払証明書などの各種電子データを受領し活用する仕組み

⑥電子決済サービス
納税や社会保障などの決済をキャッシュレスで電子的に行うサービス

ねんきんネット　e-Tax　連携先は今後e-Taxなどに順次拡大する予定

他のサイトとのID連携、データ連携

出典:「マイナンバー概要資料」（内閣官房、内閣府）より

市区町村専用窓口以外のマイナンバー関連窓口

【マイナンバー制度全般の相談】

●マイナンバー総合フリーダイヤル

0120-95-0178

平日9:30〜22:00 ／土日祝日9:30〜17:30（年末年始を除く）
一部IP電話等でつながらない場合は通知カード、個人番号カードについては050-3818-1250（有料）、その他のお問合せについては050-3816-9405（有料）におかけください。

【不審な電話などを受けたら】

●消費者ホットライン

188（いやや!）

原則、最寄りの市区町村の消費生活センターや消費生活相談窓口などをご案内しますので、相談できる時間帯は、お住いの地域の相談窓口により異なります。

●警察相談専用電話

#9110 または最寄りの警察署まで

#9110は原則、平日8:30〜17:15（各都道府県警察本部で異なります。土日祝日・時間外は、24時間受付体制の一部の県警を除き、当直または留守番電話で対応）

【マイナンバー（個人番号）に関する苦情あっせんの相談】

●マイナンバー苦情あっせん相談窓口

03-6441-3452

平日9:30〜17:30

ここで紹介している相談窓口の電話番号は、2016年1月時点の情報を元に作成しています。番号は変更される場合があります。

出典:「マイナンバー制度に便乗した不正な勧誘や個人情報の取得にご注意ください!（2015年11月2日更新）」を元に作成

知らないと損する！

マンガでわかる

Q&Aで早わかり！

マイナンバー

誰もが知っておくべき13のポイント

2016年2月17日　第1刷発行

著　者　角川アスキー総合研究所
監　修　水町雅子
作　画　小川こうじ

発行者　福田 正
発行所　株式会社角川アスキー総合研究所
〒113-0024　東京都文京区西片1-17-8 KSビル2F
電話 03-5840-7800（編集）
http://www.lab-kadokawa.com/

発売元　株式会社KADOKAWA
〒102-8177　東京都千代田区富士見2-13-3
電話 03-3238-8521（営業）
http://www.kadokawa.co.jp

印刷・製本　大日本印刷株式会社

企画協力　遠藤 諭、中西祥智
デザイン　イエロースパー
編　集　水口 誠、有馬菜穂子
編集協力　青木達郎（株式会社スタジオポケット）

電話 049-259-1100（9:00〜17:00／土日、祝日、年末年始を除く）
〒354-0041　埼玉県入間郡三芳町藤久保550-1

ISBN978-4-04-899604-4 C2034